AF454390

ORDONNANCE
DU ROI,

Pour le Camp de Compiegne.

Du 5 Juillet 1764.

DE PAR LE ROI.

SA MAJESTÉ ayant donné ſes ordres pour faire camper ſous Compiegne, les régimens de Cavalerie de Royal-Normandie & de la Reine, celui d'Infanterie de la Marine, & la brigade de Deſmazis du Corps Royal de l'Artillerie : Et voulant expliquer ſes intentions ſur le traitement qui ſera fait à ces Troupes pendant qu'elles y demeureront, & pourvoir en même temps à ce qu'elles y vivent en bonne diſcipline & police, Sa Majeſté a ordonné & ordonne ce qui ſuit;

ARTICLE PREMIER.

QUOIQUE leſdites Troupes doivent être pourvues de tout ce qui leur eſt néceſſaire pour camper, Sa Majeſté a

A

cependant donné ordre de leur faire diſtribuer les perches, fourches & piquets qui pourroient leur manquer à leur arrivée dans le lieu deſtiné pour leur campement.

I I.

I L ſera délivré une botte de paille du poids de dix livres, pour chaque Maréchal-des-logis, Fourrier, Brigadier, Cavalier, Timbalier & Trompette, Sergent, Caporal, Appointé, Soldat & Tambour.

I I I.

I L ſera fourni chaque jour, une corde de bois à brûler pour chaque bataillon, & autant pour chaque régiment de Cavalerie, & deux cordes pour la brigade d'Artillerie, y compris les fournitures des corps-de-garde & autres poſtes.

I V.

I L ſera pareillement fourni par jour, une ration de pain de munition, du poids de vingt-quatre onces, cuit & raſſis, entre bis & blanc, à chaque Maréchal-des-logis, Fourrier & Cavalier, & chaque Sergent & Soldat, pour laquelle il ſera retenu vingt-quatre deniers à chacun ſur leur ſolde.

V.

SA MAJESTÉ voudra bien faire fournir le demi-fourrage aux Officiers deſdités Troupes.

V I.

LESDITS régimens & brigade continueront de recevoir leur paye ordinaire, conformément aux ordonnances des 10 & 21 décembre 1762 & 30 juin 1763.

V I I.

A U moyen deſdits payemens & fournitures, Sa Majeſté entend que leſdites Troupes vivent ſans être en aucune façon à charge aux habitans des lieux voiſins; leur défendant très-expreſſément de rien exiger d'eux, ni de ceux qui apporteront des vivres & denrées au camp, ou de les empêcher d'y aller, ſous quelque prétexte que ce puiſſe être; de prendre ni de cueillir aucuns grains, fruits, herbages & légumes, dans les jardins ni dans les champs; de couper aucuns arbres fruitiers, autres arbres ni haies;

à peine aux Officiers d'en répondre ; & aux Cavaliers & Soldats, des galères ; même de la vie, à l'égard de ceux qui se trouveront avoir commis d'autres désordres plus considérables, ou avoir pris quoique ce soit sans payer.

V I I I.

SA MAJESTÉ défend aussi aux Officiers, bas Officiers, Cavaliers & Soldats, de chasser ni de pêcher dans les environs du camp, ni ailleurs, sous peine aux Officiers d'interdiction de leurs charges, & aux autres des galères.

I X.

DÉFEND pareillement Sa Majesté aux Cavaliers & Soldats, de s'écarter de plus d'une demi-lieue de leur camp, à peine d'être arrêtés & punis comme Déserteurs, & de passer la rivière sur les ponts ou autrement, sans permission, à peine d'être punis sévèrement.

X.

ENJOINT Sa Majesté au Prevôt de la généralité de Paris, & à tous autres Officiers de Maréchaussée, dont les résidences sont dans le voisinage du camp, d'arrêter tous les Cavaliers & Soldats qui s'en éloigneront de plus d'une demi-lieue ; & aux Maires, Échevins & habitans des villes & lieux qui sont le long de la rivière d'Oise, & dans les environs du camp, d'arrêter pareillement tous ceux qui s'y présenteront, & de les garder prisonniers, jusqu'à ce que le Prevôt, sur l'avis qu'ils lui en donneront, les ait fait conduire au camp.

X I.

DÉFEND Sa Majesté aux Cavaliers & Soldats, de découcher du camp, sous les peines prescrites par les Ordonnances ; voulant Sa Majesté qu'en présence d'un Officier-major de chaque Corps, on y fasse l'appel le soir & le matin, & que s'il se trouve que quelqu'un ait découché, son nom & celui de la compagnie dont il sera, soit donné au Major dudit Corps, pour en rendre compte au Commandant : voulant Sa Majesté que s'il arrivoit qu'on eût arrêté aux environs du camp quelque Cavalier ou Soldat qui auroit découché, & dont le nom n'auroit pas été donné, le Capitaine soit interdit, & tenu de payer le désordre fait par le Cavalier ou Soldat arrêté.

X I I.

IL sera défendu à tout Cavalier, Soldat & autres, de tirer dans le camp, ni de s'en écarter, à peine d'être puni suivant la rigueur des Ordonnances.

X I I I.

IL leur sera pareillement défendu d'avoir aucune balle sur eux, ni même du menu plomb à giboyer, sur peine de la vie. Ordonne pour cet effet Sa Majesté aux Officiers de faire décharger en leur présence, en arrivant au camp, avec un tire-bourre, toutes les armes de ceux de leurs troupes, & de leur prendre toutes leurs balles & autre plomb; & s'il arrivoit ensuite que quelqu'un en eût, il sera puni suivant la rigueur de la présente: Sa Majesté entendant que quand les Troupes partiront, les Officiers rendent aux Cavaliers & Soldats les balles qu'ils leur auront ôtées.

X I V.

AUCUN Cavalier, Soldat, Vivandier & autres, tels qu'ils soient, ne pourront tenir aucune table de jeu dans le camp, ni ailleurs; veut Sa Majesté que lesdites tables soient brisées, & que ceux à qui elles appartiendront soient mis en prison jusqu'à nouvel ordre de Sa Majesté.

X V.

TOUT Cavalier, Soldat, Vivandier & autres qui mettront l'épée à la main dans le camp & aux environs, seront condamnés aux galères perpétuelles.

X V I.

DÉFEND Sa Majesté à tout Cavalier, Soldat, Vivandier & autres étant à la suite du camp, de blasphémer le saint nom de Dieu, de la sainte Vierge, ni des Saints, sur peine à ceux qui tomberont dans ce crime d'avoir la langue percée d'un fer chaud.

X V I I.

DÉFEND aussi Sa Majesté, de souffrir dans le camp ni

5

aux environs, aucune femme ni fille publiques, ni de mauvaise vie; voulant que toutes celles qui feront reconnues pour telles, foient arrêtées, punies du fouet, & enfuite conduites prifonnières dans les plus prochaines villes du camp, pour y refter jufqu'à ce que les Troupes en foient parties.

X V I I I.

AUCUN Cavalier & Soldat ne pourra fe traveftir, ni porter d'autre habit que l'habit uniforme du Corps dont il fera, fous quelque prétexte que ce puiffe être, fous peine de la vie.

X I X.

VEUT au furplus Sa Majefté que les Officiers, Cavaliers & Soldats defdites Troupes, fe conforment, pour le fervice qu'ils auront à faire dans ledit camp, à ce qui eft prefcrit pour l'Infanterie par l'Ordonnance du 17 février 1753, & pour la Cavalerie par l'Inftruction du 22 juin 1755.

X X.

COMME il eft défendu aux Troupes, par l'Ordonnance du 25 avril 1717, d'avoir des Vivandiers à leur fuite dans le royaume, les Commandans des Corps tiendront la main à ce qu'aucun de ceux qui font à leurs ordres n'y contrevienne & ne commette de fraude contre les droits du Roi; & pour que les Commis des Fermes ne foient pas troublés dans l'exercice de leurs fonctions, lorfqu'ils fe préfenteront pour faire des vifites dans le camp, ils les feront accompagner par un bas Officier, & quelques Cavaliers ou Soldats chargés de leur prêter main-forte en cas de befoin. Au refte, il fera permis à tous particuliers de vendre & débiter dans le camp toutes fortes de denrées fans qu'il puiffe être exigé d'eux, fous tel prétexte que ce foit, aucun droit autre que ceux des Fermes du Roi, de la moitié defquels les Fermiers généraux fe font relâchés fur les boiffons qui fe confommeront dans le camp.

6

MANDE & ordonne Sa Majesté aux Commandans desdits Corps, au sieur de Sauvigny, Conseiller d'État, Intendant de la généralité de Paris, aux Commissaires des guerres chargés de la police & discipline dudit camp, au Prevôt de la Maréchaussée de ladite généralité de Paris, & généralement à tous autres ses Officiers & Sujets, de tenir la main, chacun en ce qui le concerne, à l'exécution de la présente, laquelle sera lûe & publiée à la tête desdites Troupes par lesdits Commissaires des guerres, à ce qu'aucun n'en prétende cause d'ignorance. FAIT à Compiegne le cinq juillet mil sept cent soixante-quatre. *Signé* LOUIS. *Et plus bas,* LE DUC DE CHOISEUL.

A PARIS,

DE L'IMPRIMERIE ROYALE.

M. DCCLXIV.

REGIMENT

ROYAL NORMANDIE

DE CAVALERIE.

REVUE

Faite à Compiègne le 16. Juillet 1764.

Pour

Par M.

1re. Compagnie, *Mêtre de Camp.*

M le Mis D'Escouloubre Capitaine *présent* { ...

M De Vissac ——— Lieutenant { ...

M De Vissac fils Sous-Lieutenant { ...

Le nommé Clermont ——— Timbalier. { ...

Maréchaux de logis. . — 4.

Fourrier . . . . . . — 1.

Brigadiers . . . . . — 8.

Carabiniers . . . . . 8.

Cavaliers . . . . . 32. *dont* ...

Trompette. . . . . 1.

Total 54. effectif.

Chevaux effectifs. {
d'Officiers. . . . 3
du Timbalier. . . 1.
de Cavaliers. . . 54. *dont* ...
}

Total — 58.

2ᵉ. Compagnie, *Lieutenante Colonelle.*

M *De St. mare* Capitaine   *Priseur*

M *De Coquerel* Lieutenant

M *De la Villeau* Sous-Lieutenant

Maréchaux de logis ... 4.

Fourrier ——————— 1.

Brigadiers ————— 8. *dont 1 à l'hop.l d'Epinal*

Carabiniers ————— 8.

Cavaliers ————— 32.

    Trompette. ——— 1.

         Total 54.   effectif.

Chevaux effectifs. { d'Officiers. 3

{ de Cavaliers. 52. *dont 2 Etropiés.*

         Total 55.

3ᵉ. Compagnie.

M. *D'aubignac* Capitaine   *présent*

M. *Tiouler* Lieutenant *ptd*

M. *Leciverac* Sous-Lieutenant *ptd*

Maréchaux de logis . — 4.

Fourrier — — 1.

Brigadiers — — 8.

Carabiniers — — 8.

Cavaliers — — — 32.

Trompette — — 1.

Total, 54. effectif.

Chevaux effectifs. { d'Officiers 3

{ de Cavaliers 54. *dont 1 éclopé*

Total 57.

4ᵉ. Compagnie.

M De Gibaudire Capitaine   présent

M D'aran   Lieutenant   p.ᵗ

M Deslogue Sous-Lieutenant p.ᵗ

Maréchaux de logis ─ 4

Fourrier ─ ─ ─ ─ 1.

Brigadiers ─ ─ 8

Carabiniers ─ ─ 8

Cavaliers ─ ─ 3 2.

Trompette. ─ 1.

Total 54.   effectif.

Chevaux effectifs. { d'Officiers.   3.

de Cavaliers. 54. dont 2 éclopés

Total 57.

5ᵉ. Compagnie.

M. *Latierceur*   Capitaine   *présent*

M. *De la Faye*   Lieutenant

M. *De la Fay*   Sous-Lieutenant

Maréchaux de logis —— 4.

Fourrier ———— 1.

Brigadiers ———— 8

Carabiniers ———— 8 *dont 1 à l'hôp.ᵗ d'Épinal*

Cavaliers ———— 32.

Trompette ———— 1.

Total 54.   effectif.

Chevaux effectifs. { d'Officiers   3

de Cavaliers 54. *dont 9 éclopés*

Total 57.

6ᵉ. Compagnie.

M le Ch.ᵉʳ de Bethune Capitaine — *présent*

M De la Saige Lieutenant — *p.ᵗ*

M Durre Sous-Lieutenant — *p.ᵗ*

Maréchaux de logis — 4.

Fourrier — 1.

Brigadiers — 8

Carabiniers — 8

Cavaliers — 32. *dont 1 à l'hôp.ˡ d'Épinal*

Trompette. — 1.

Total 54. effectif.

Chevaux effectifs.
{
d'Officiers. 3

de Cavaliers. 54 *dont le télopé.*
}

Total 57.

7ᵉ. Compagnie.

M *le moussey* Capitaine   *présent*

M *le Dercin* Lieutenant *pñt*
  avec commission de

M *du Rotties* Sous-Lieutenant *pñt*

Maréchaux de logis — *6.*

Fourrier —————— *1.*

Brigadiers ————— *8* *dont 1 al hospital d'Epinal*

Carabiniers ————— *8*

Cavaliers ————— *3 2*

Trompette ———— *1.*

Total *54.* effectif.

Chevaux effectifs. {
  d'Officiers   *3*
  de Cavaliers *53. dont 6 citoyens*
}

Total *56.*

8e. Compagnie.

M _Delinac_   Capitaine   présent

M _Carré_   Lieutenant   p[rése]t

M le V.te De Pierghes   Sous-Lieutenant   p[rése]t

Maréchaux de logis — 4.

Fourrier — 1.

Brigadiers — 8

Carabiniers — 8

Cavaliers — 32. dont 1 a l'hop.l d'Épinal

Trompette. — 1

Total 94. effectif.

Chevaux effectifs.
{ d'Officiers. 3
{ de Cavaliers, 94. dont le Lilopin

Total 97.

ETAT-MAJOR.

M *Mme D'Escouloubre* Mr. de Camp — — présent

M *Luc.t Marre* Lieutenant-Colonel *p.tes*

M *De Villelongue* Major — — *p.tes*

M *De Cavary* 1er. Ayde-Major *avec commission de Capitaine* *p.tes*

Mr. *de la Villegourio* 2e. Ayde-Major *avec commission de Capt.* *p.tes*

M *Viguier* 1er. Sous-Ayde-Major *p.tes*

Mr. *de Montréatou* 2e. Sous-Aide-Major *p.tes*

M *Valter* Quartier-Maître *p.tes*

M *Marsinghien* Porte-Etendart *p.tes*

M *Boucher* Porte-Etendart *p.tes*

M *Dumoue* Porte-Etendart *p.tes*

M *St. Pierre* Porte-Etendart *p.tes*

M *Paulier* Thrésorier — — *p.tes*

Chevaux effectifs.

RECAPITULATION.

ETAT-MAJOR. {
Officiers préfents
Officiers abfents
Charges vacantes
}

CAPITAINES. {
Préfents
Abfents
Compagnies vacantes
}

LIEUTENANTS. {
Préfents
Abfents
Lieutenants vacants
}

OUS-LIEUTENANT. {
Préfents
Abfents
Sous-Lieutenants vacants
}

Total { Charges vacantes. }

Timbalier.

Maréch. delogis, Fourriers, Brigadiers }
Carabiniers, Cavaliers & Trompettes. }
dont
dont
dont

Total }

Chevaux effectifs
dont
dont
dont
dont

www.ingramcontent.com/pod-product-compliance
Lightning Source LLC
La Vergne TN
LVHW021607170726
843501LV00010B/3901